Écrit par Odile Limousin
Illustré par Agnès Mathieu

Conseil pédagogique :
Équipe du bureau de l'Association Générale des Instituteurs et Institutrices des Écoles et Classes Maternelles Publiques.

ISBN 2-245-02427-3

Dépôt légal: Janvier 1990. Numéro d'édition: 7837
Imprimé par la Editoriale Libraria en Italie

LE LIVRE DE PARIS - GALLIMARD

Le pain de ma tartine

DECOUVERTE BENJAMIN

Le pain de Tunisie a une croûte très dure et dorée ; il se conserve longtemps. Dans ce pays, on mange aussi des galettes.

En Allemagne, il existe beaucoup de variétés de pains noirs faits avec de la farine de seigle et de blé.

En Inde, le chapatty, cuit sur une plaque de fer, est la nourriture principale des paysans.

Tu dévores sûrement des tartines de pain : de la baguette croustillante, du pain de mie ou des tranches de pain de campagne...

Le pain se mange sous bien d'autres formes dans le monde entier, depuis des milliers d'années !

C'est l'une des principales nourritures des hommes. On y trouve presque tous les éléments nécessaires à la santé.

Le pain, qu'est-ce que c'est ?

Un mélange d'eau et de farine qui est cuit avant d'être mangé. Il peut être plat comme une galette : c'est ainsi qu'étaient les premiers pains. Puis les Egyptiens ont découvert qu'en laissant reposer la pâte celle-ci gonflait et donnait, après la cuisson, une galette bien plus légère : ils avaient inventé le pain levé, celui que tu manges le plus souvent !

Il existe de nombreuses espèces de blé, aux épis très différents !

D'où vient la farine ?

Elle est faite surtout avec des grains de blé. Le blé, comme le maïs, le seigle ou le riz, est une céréale : une plante qui donne des épis. Les épis portent les grains. Dans nos pays, le blé est la céréale la plus utilisée pour faire le pain.

Coupe d'un grain de blé

Le grain de blé a la forme d'une amande fendue.
A un bout se trouve le germe. Le grain est protégé par une enveloppe : la balle.

C'est un grain très précieux

Il est signe de vie et de richesse !
Les Egyptiens en mettaient dans la tombe des morts pour qu'ils n'aient pas faim durant leur dernier voyage.

Tu as sûrement déjà vu des champs de blé!

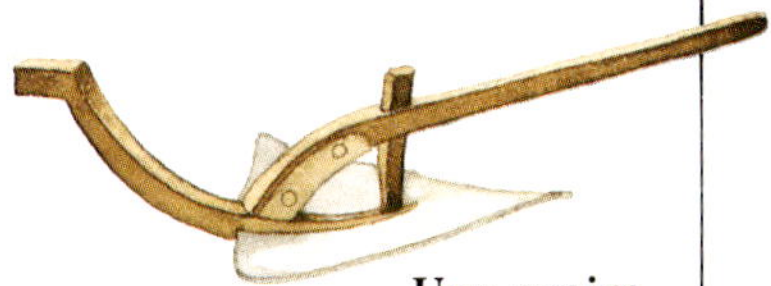
Une araire, ancêtre de la charrue.

Autrefois, le paysan qui le cultivait était appelé le maître du pain. Si sa récolte était bonne, les gens mangeaient à leur faim. Sinon, ils risquaient la famine!

Comment pousse le blé?

Le champ est retourné, la terre labourée avec la charrue. La herse brise les mottes. Puis les grains sont semés dans les sillons: jadis, le paysan les jetait par poignées, à la volée. Maintenant, une semeuse automatique fait ce travail. Un rouleau enfouit les grains. Dans la terre, le germe se développe en se nourrissant du grain. Il devient une petite pousse verte avec des racines qui puisent dans le sol sa nourriture.

La charrue trace les sillons.

Les bouquets de la moisson, tressés avec les derniers épis, sont suspendus dans la maison pour porter bonheur.

Les tiges vertes du blé ont mûri et doré. Elles sont chargées de lourds épis.

Le petit rat des moissons fait son nid au milieu des épis.

Voici venu le temps de la moisson !

Aujourd'hui encore, dans les pays où il n'y a pas de machines, les blés sont coupés à la faucille avant d'être liés en gerbes. Comme il faut faire vite, tout le village s'y met !

Quand la moisson est terminée, c'est la fête avec des danses, des chansons, des courses de vitesse, et de grands repas joyeux !

Voici deux façons anciennes de séparer les grains des épis : des bœufs tournent en piétinant les gerbes répandues.

Après la moisson, le blé est battu pour séparer la paille et les grains

Chaque épi porte quarante à soixante grains de blé. La tige forme la paille qui servira de fourrage aux bêtes, pendant l'hiver.

Ou bien les gerbes sont battues avec des fléaux, qui sont de grands bâtons articulés...

Cette batteuse, au dix-neuvième siècle, était articulée par une machine à vapeur. Les gerbes étaient chargées dans la batteuse qui séparait la paille des grains. Ceux-ci tombaient dans des sacs de toile bientôt rangés dans les greniers.

Es-tu déjà monté sur une énorme moissonneuse-batteuse ?
Elle permet maintenant de moissonner un champ en une journée !

Elle fauche et sépare le grain et la paille. Il n'y a plus qu'à stocker les grains dans les silos, où ils pourront se conserver plusieurs années !

Comment moudre le grain pour faire la farine ?

Longtemps, les grains furent écrasés entre deux pierres. Puis les Égyptiens et les Grecs se servirent d'un pilon et d'un mortier : c'était la première forme de la meule.

Cette méthode est encore utilisée en Asie et au Yémen pour écraser le millet.

La meule est faite de deux grosses pierres. La première tourne sur la deuxième pour écraser le grain. Dans les boulangeries romaines, des esclaves la faisaient tourner. L'invention du moulin à eau fut un grand progrès.

Une meule tournante romaine.

As-tu déjà vu des moulins à vent, perchés sur les collines ?

Ils sont connus
en France depuis
le Moyen Âge.
Le moulin à vent est une
petite maison légère,
avec quatre bras,
les ailes, qui tournent
grâce à la force du vent.
Le meunier les oriente
selon sa direction.
Le mouvement
des ailes entraîne
la meule de pierre
qui moud le grain
en farine.
Les moulins à vent
sont très utiles
pour les paysans
qui habitent loin
des rivières.
Aujourd'hui, le grain
est moulu dans des
usines, les minoteries,
qui fonctionnent
à l'électricité.

Moulin à vent ancien

Moulin grec

Moulin d'Afghanistan, à axe vertical

Pour que les pains aient tous le même poids, le boulanger pèse chaque boule de pâte, puis la dépose dans une corbeille.

Sais-tu pourquoi le boulanger s'appelle ainsi ? Parce qu'il fabrique des boules de pain dans son fournil ! Le boulanger y travaille la nuit, pour que le pain soit prêt et chaud le matin. Que met-il dans sa pâte ? De la farine, de l'eau, du sel et de la levure.

Il signe son pain avec des petits coups de couteau.
Les bulles forment les trous que tu vois dans le pain.

Autrefois, il pétrissait la pâte à la main. C'était dur ! Maintenant, elle est mélangée automatiquement dans le pétrin. Puis elle repose quelques heures et gonfle, grâce à la levure : celle-ci produit un gaz qui fait des bulles dans la pâte et la soulève.

Ce pain a été spécialement décoré pour la fête de la moisson en Bourgogne.

Quand les boules de pâte, les pâtons, sont bien gonflées, **le boulanger les enfourne avec sa longue pelle**

Il les laisse cuire entre une et deux heures, selon leur grosseur.

Lorsque le boulanger sort son pain du four, une bonne odeur se répand !

C'est le moment où te prend une terrible envie d'entrer dans la boulangerie ! Pourtant nous mangeons beaucoup moins de pain qu'il y a cinquante ans.

Sais-tu d'où viennent les sandwichs ?

Nous les devons à Lord Sandwich, un Anglais qui aimait trop jouer aux cartes. En 1762, la partie était si passionnante qu'il refusa d'aller manger. On lui apporta de la viande entre deux tranches de pain.

Le sandwich était né !

Le pain que tu trouves dans les supermarchés est fait dans de grandes boulangeries industrielles.

Au Maroc, les galettes sont cuites sur des plaques de fer chauffées.

Pendant des centaines d'années, quand le four n'existait pas, le pain était fabriqué en plein air.
C'est ce qui se fait encore dans certains pays : la pâte est cuite sur des braises, dans des moules d'argile ou de métal chauffés. Ou bien elle est frite comme un beignet, dans l'huile bouillante.

L'invention du four à pain a représenté un grand progrès. Ce sont les Grecs qui en ont eu l'idée.

En Afghanistan, on fait parfois du pain de marmite dans des récipients métalliques.

En Iran, les carrés de pâte à pain sont frits dans l'huile.

Le four traditionnel est une construction voûtée, faite de briques, de terre, ou de pierres. Il fut longtemps chauffé avec du bois ; à la fin du XIXe siècle, avec du charbon et ensuite à la vapeur ou à l'électricité. Les boulangers grecs ont eu d'autres bonnes idées, varier le goût du pain : pain au miel, aux raisins, à l'anis... Une drôle d'invention : un pain cuit deux fois qu'on a appelé biscuit. Et qui a eu un grand succès !

Chaque famille cuisait son pain une fois par semaine dans le four communal.

Les boulangers d'Athènes faisaient soixante-douze sortes de pain. Il y a des pains spéciaux dans tous les pays, et dans chaque région. Qui connaît le pain de Beaucaire, la fougasse, la faluche et l'artichaut ? Apprends à reconnaître ceux-ci :

Pain de mie

Pain d'Argentine

Pain hongrois

Baguette autrichienne

Baguette française

Grissins italiens

Pain de Tchécoslovaquie

Fougasse de Provence

Bretzel

Galette du Sud-Tyrol

Petit pain bis

Bâtard parisien

Biscotte

Crackers suédois

Pain brioché

Pain complet

La tortilla est modelée entre les mains avant d'être cuite.

La galette est la nourriture de millions d'hommes en Amérique, en Afrique, au Moyen-Orient. Elle est faite de blé, mais aussi de maïs, de millet... Au Mexique, la galette de maïs s'appelle tortilla. Elle accompagne tous les plats : c'est vraiment le pain des Mexicains ! Le millet se mange surtout en Afrique. D'autres céréales servent aussi à confectionner des pains très différents. Le seigle pousse plutôt dans les climats froids : on en fait des pains noirs très savoureux !

Seigle Millet Avoine Orge Froment Maïs

Pour le jour de Pâques, dans beaucoup de pays autour de la Méditerranée, on fait un pain en brioche, garni d'un œuf peint en rouge.

En Yougoslavie, les garçons offrent à la fille dont ils sont amoureux des pains en forme de cœur.

Les Egyptiens signent leurs pains de fête avec une marque à décorer : cela se faisait déjà au temps des pharaons !

Les Japonais rapportent des pains moulés de leurs pèlerinages, ou en façonnent pour le Nouvel An.

Il y a le pain quotidien,
et celui des jours de fête !
Le pain était et reste si important dans notre vie qu'un grand nombre d'expressions nous y fait penser.

<u>Sais-tu ce que signifie :</u>

Manger son pain blanc ?
Faire le plus facile.

Avoir du pain sur la planche ?
Avoir beaucoup de travail.

Etre une bonne pâte ?
Etre très gentil.

Faire passer le goût du pain ?
Donner une forte correction.

Vendre comme des petits pains ?
Vendre très facilement.

Acheter quelque chose pour une bouchée de pain ?
Acheter pas cher.

Ôter le pain de la bouche de quelqu'un ?
Lui enlever son travail.

Pain de Nouvel An chinois

Bretzel de Nouvel An

Couque de Dinant

Tresse de Pâques

Pain de pèlerinage

Pain de Noël Yougoslavie

Veux-tu faire des pains de fête ?

Tu peux acheter de la pâte à pain toute prête chez le boulanger. Il te faut aussi un jaune d'œuf battu pour faire briller le pain et des raisins secs pour décorer.

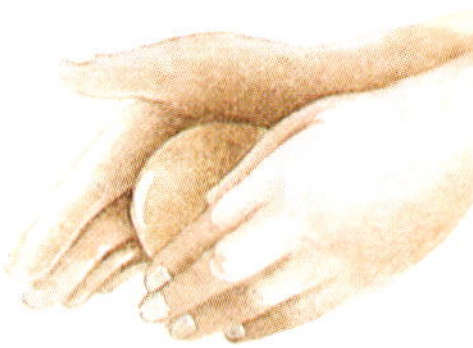

Pose ta pâte sur une planche saupoudrée de farine, fais-en des boules que tu peux modeler et décorer à ta fantaisie ! Puis enfourne tortues, étoiles ou poissons dans le four chaud (200°), pendant environ trois quarts d'heure. Bon appétit !

LE MOULIN A VENT

C'était avant le temps,
Le temps du pain trop blanc,
Un géant de bois brun
Haut perché dans les champs,
Un buveur de grand vent
Toujours gesticulant.

C'était un vieux moulin
A l'odeur de nos grains,
Grinçant entre ses dents
Parmi sacs et souris,
Faisant du blé d'ici
Farine avec le vent.

Robert-Lucien Geeraert
Des mots nature

La lune,
Du pain, des prunes,
Du raisiné
Pour mon souper ;
Des galettes sèches
Pour les fillettes ;
Des coups de bâton
Pour les garçons.

Comptines de la langue française
Seghers